MW01675993

© Éditions de la Réunion des musées nationaux, 2002
49, rue Étienne-Marcel, 75001 Paris

ISBN : 2-7118-4544-3

Le sourire de la Joconde

Frédéric Malenfer
Illustrateur

Jean Guiloineau
Conteur

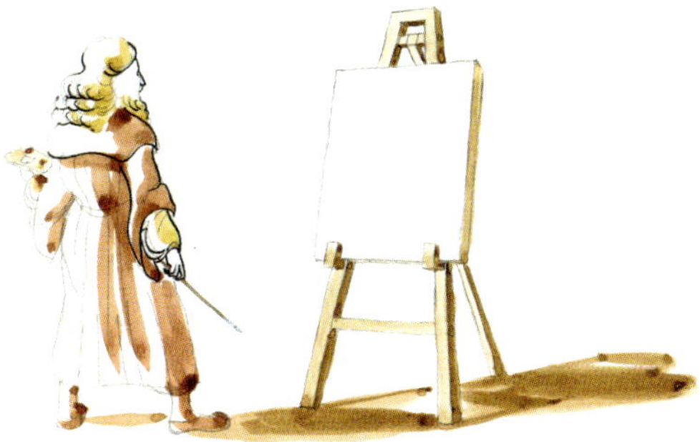

Depuis son plus jeune âge,
Léonard de Vinci avait rêvé du sourire de sa mère
qu'il n'avait jamais connu.

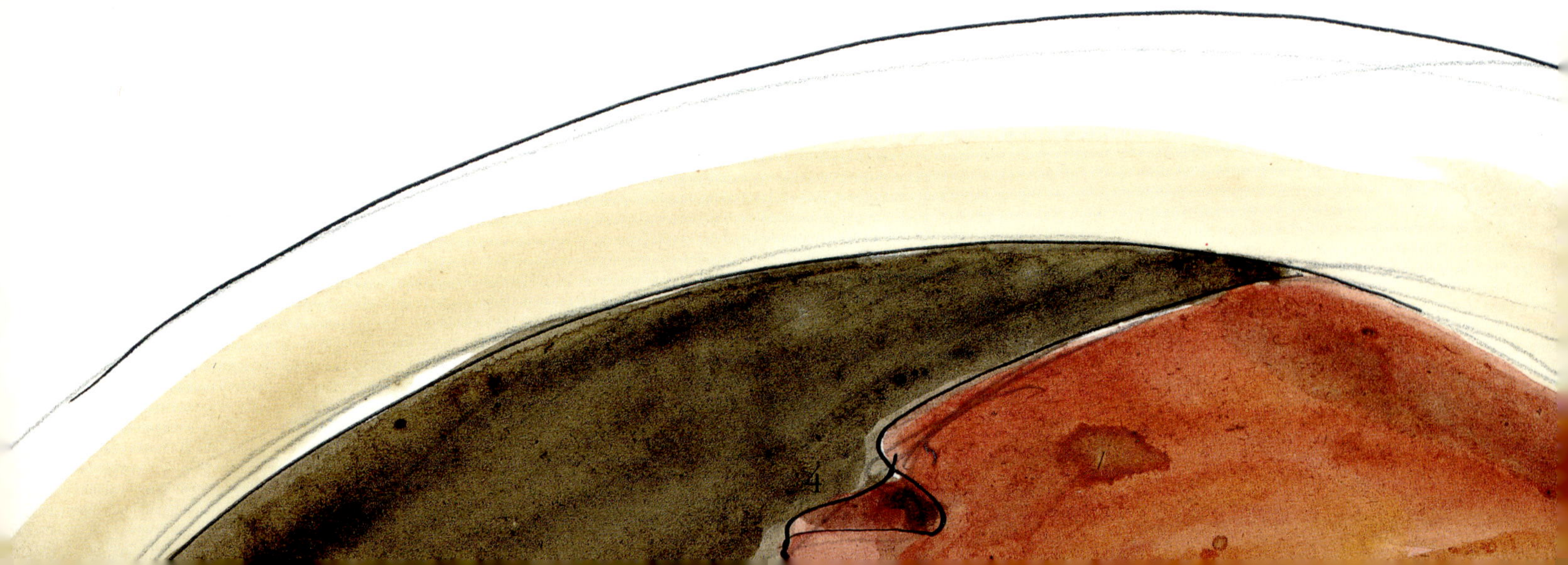

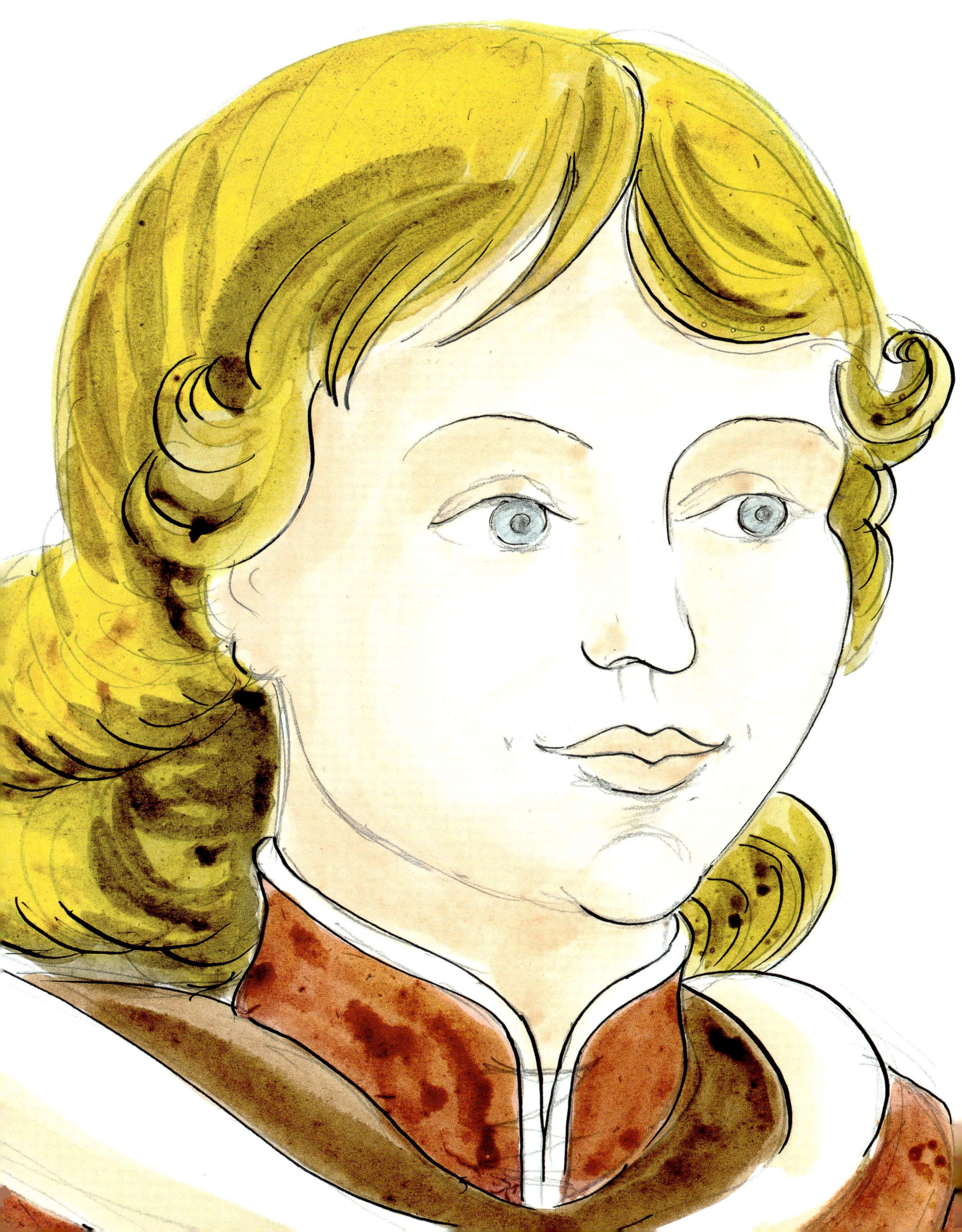

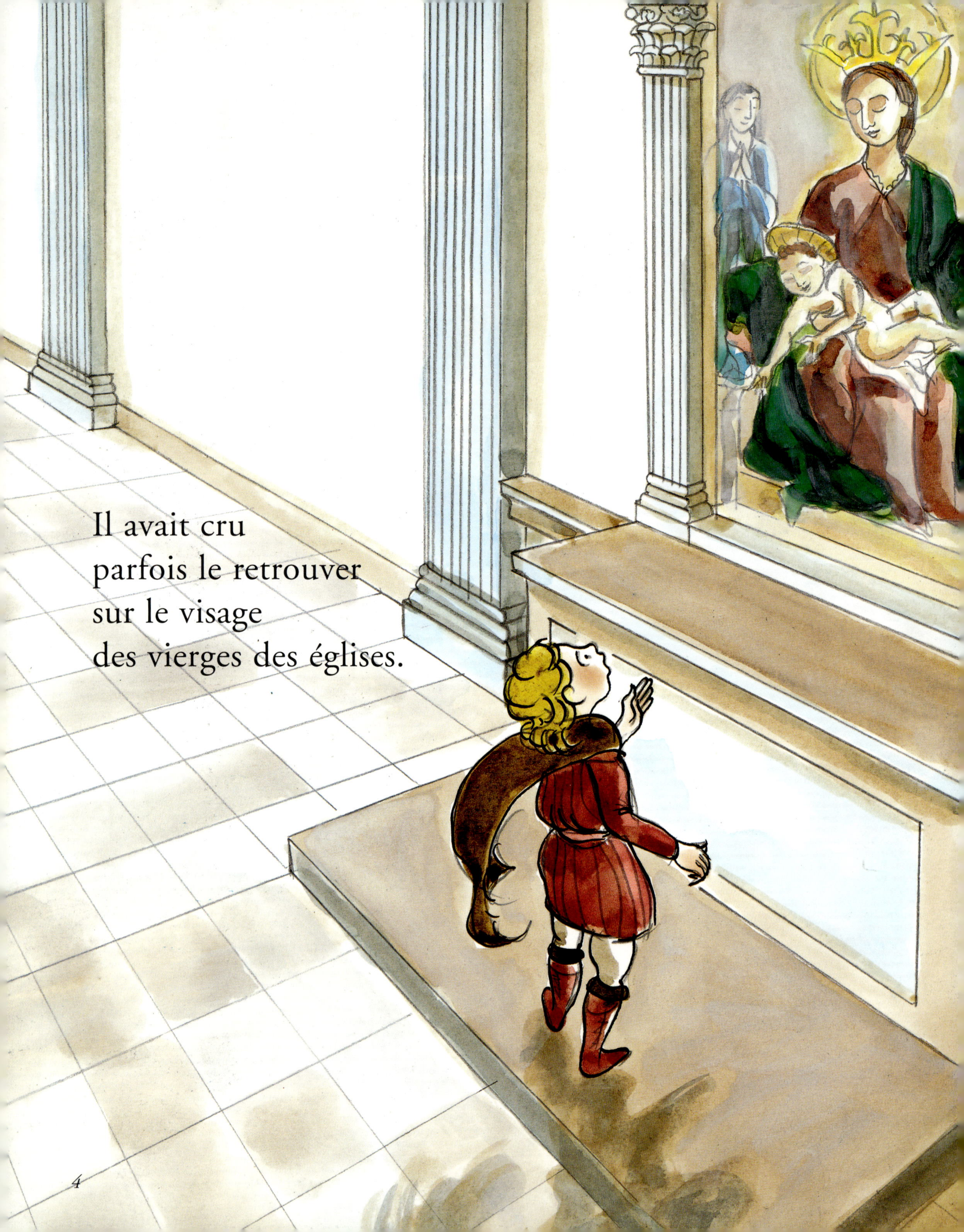

Il avait cru
parfois le retrouver
sur le visage
des vierges des églises.

Il l’avait cherché sur les lèvres des dames de Florence.

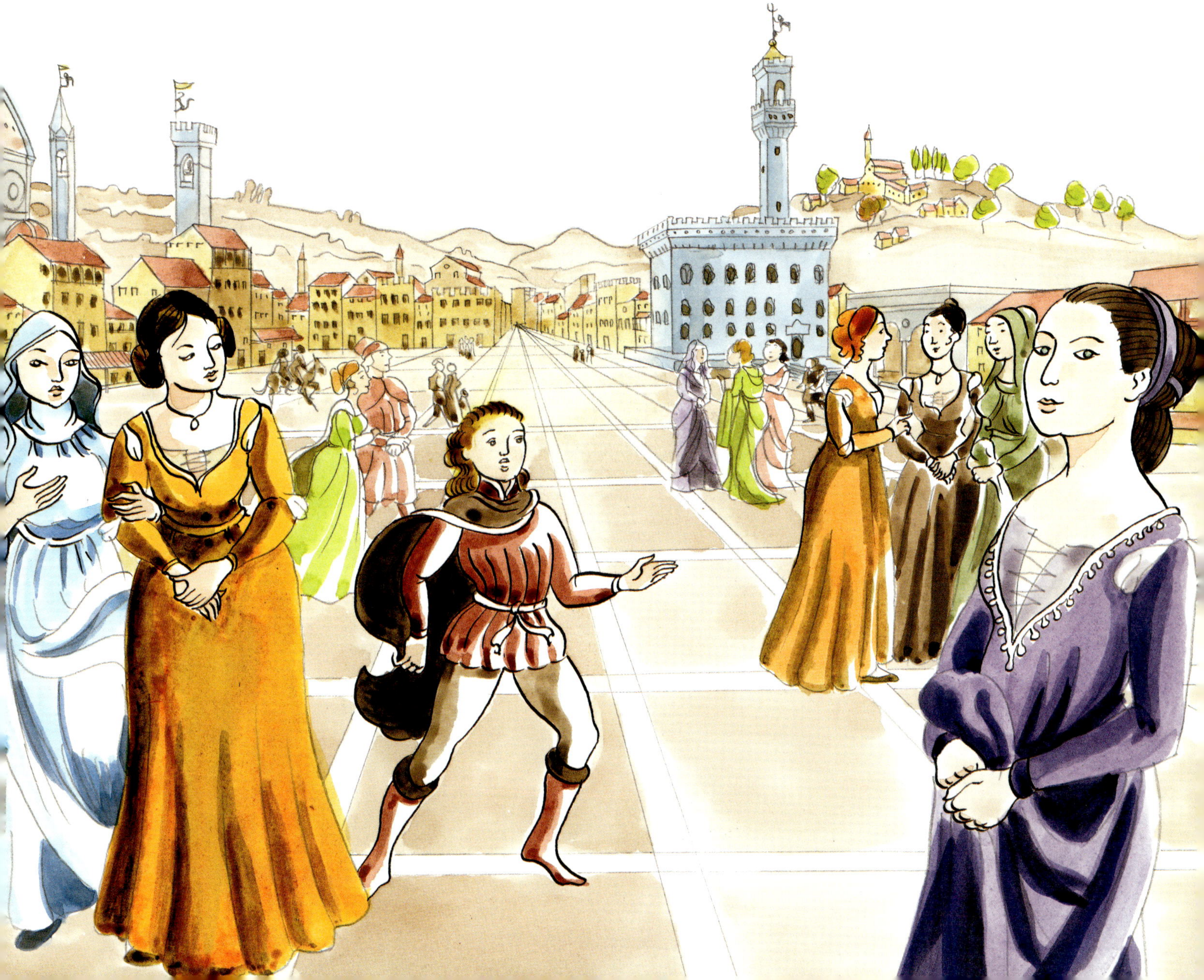

Il avait tenté de l'inventer
en dessinant des jeunes filles,

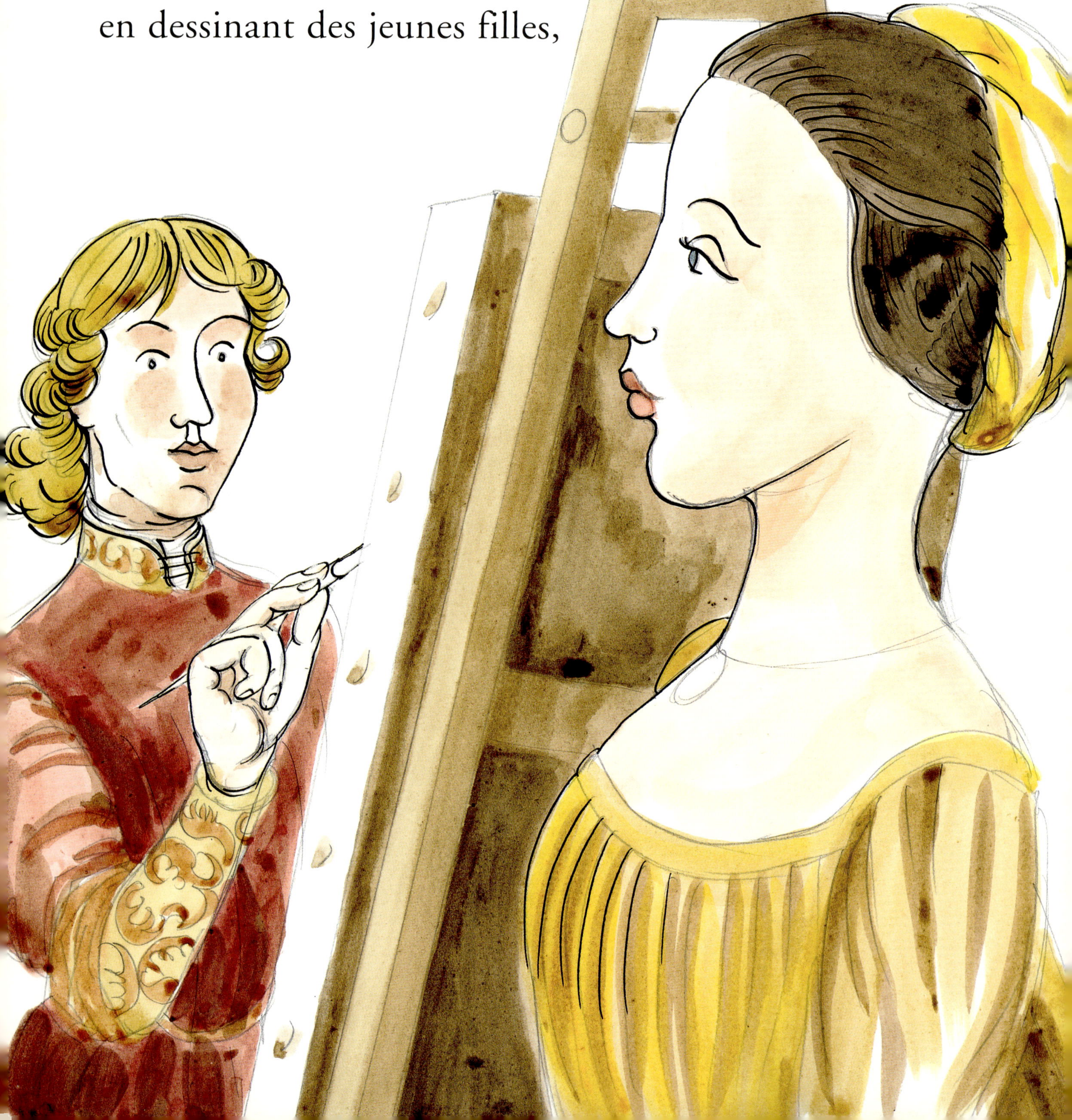

les belles jeunes filles de Florence
qui se pressaient dans son atelier.

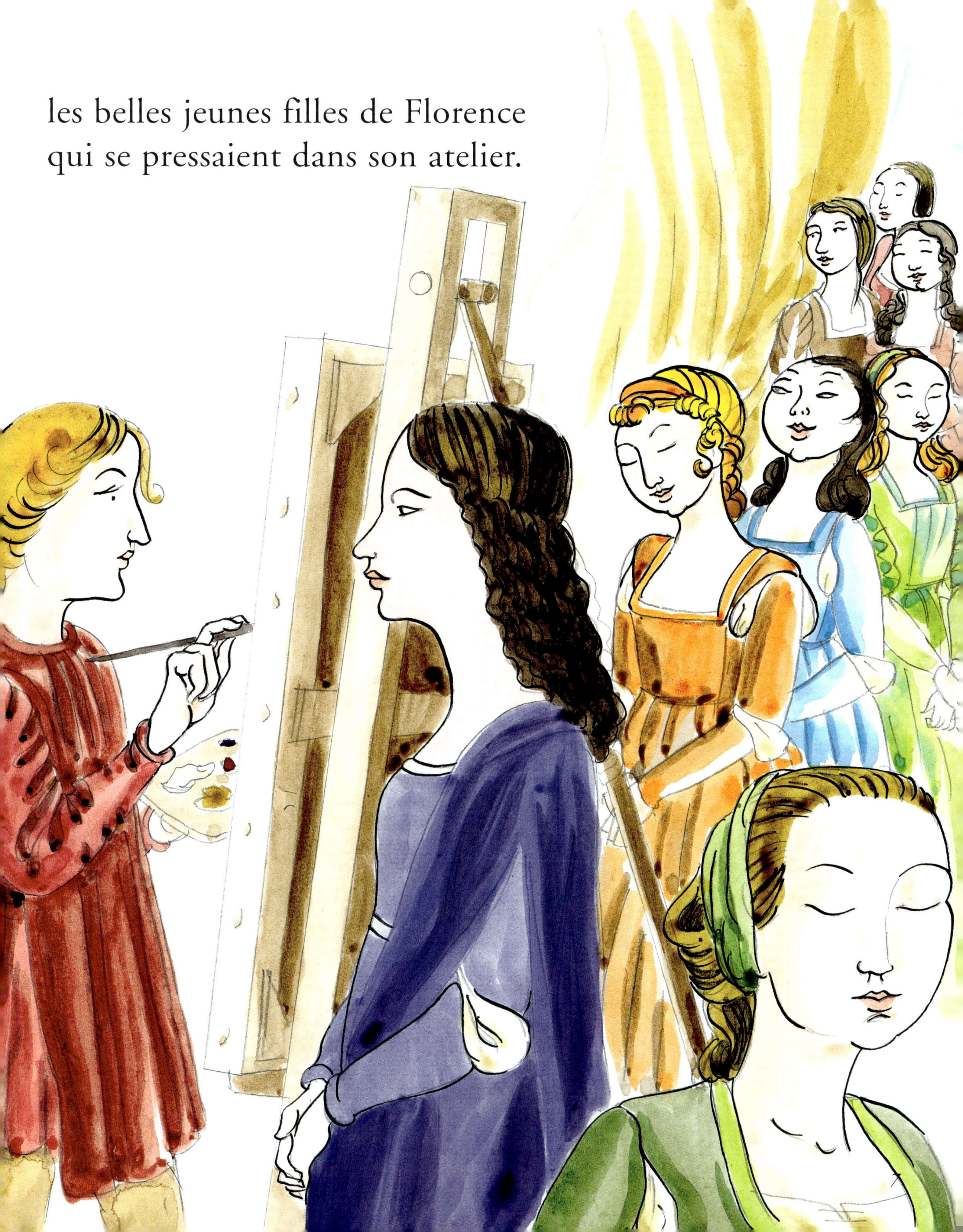

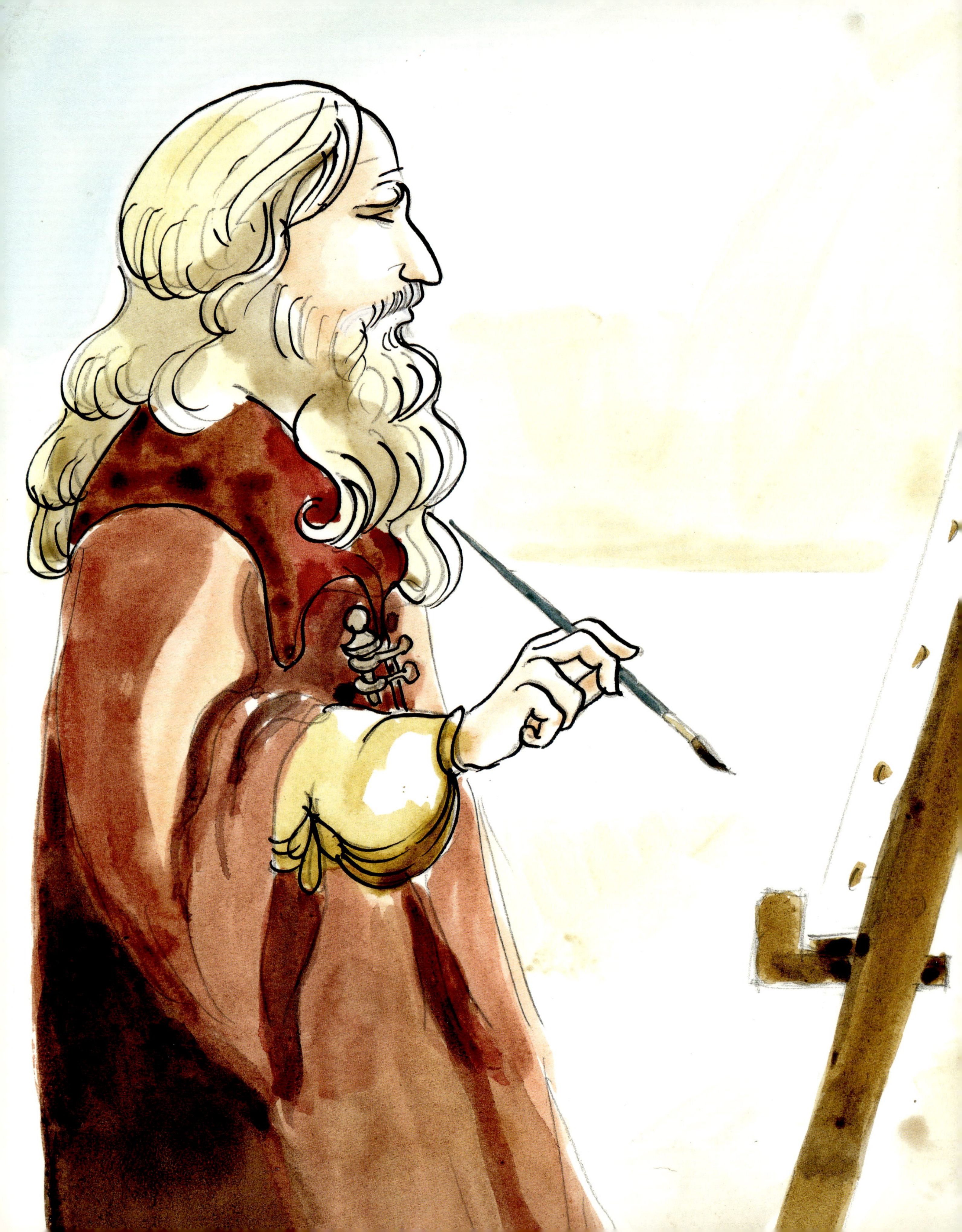

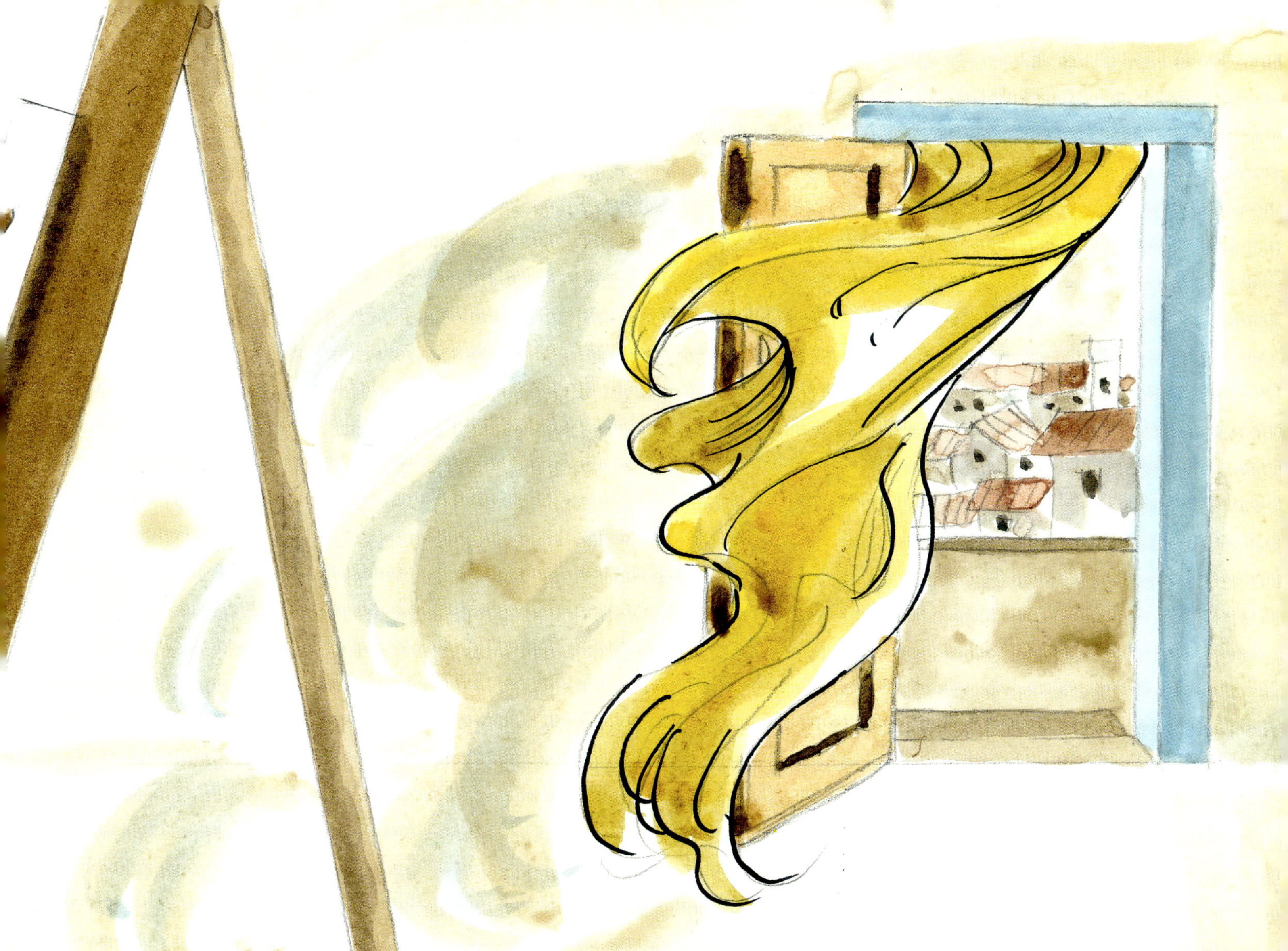

Mais jamais ces sourires
ne ressemblaient à celui de son rêve.

Un jour de 1503,
alors qu'il s'interrogeait devant sa toile blanche,

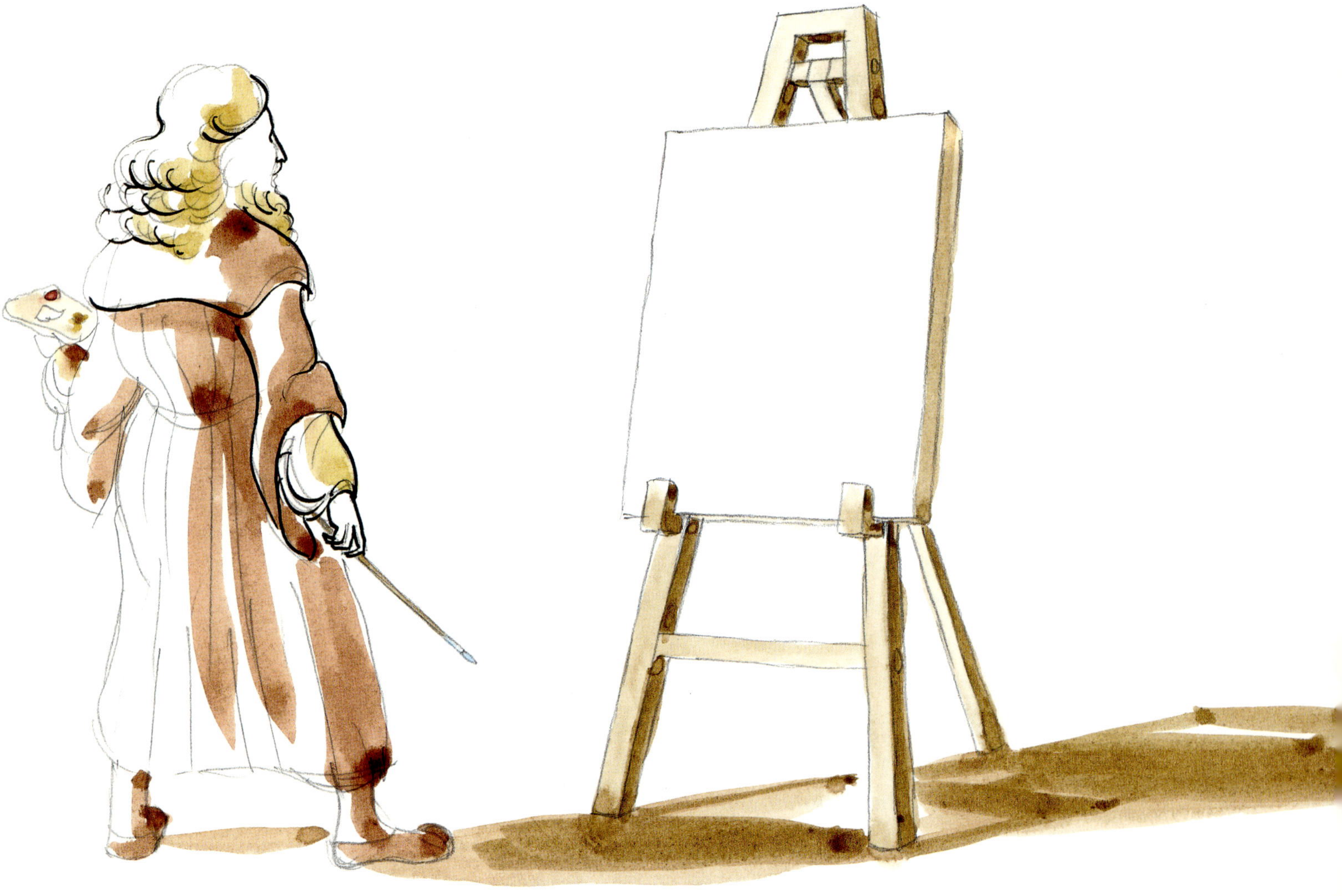

Léonard vit entrer dans son atelier
signor Francesco del Giocondo,

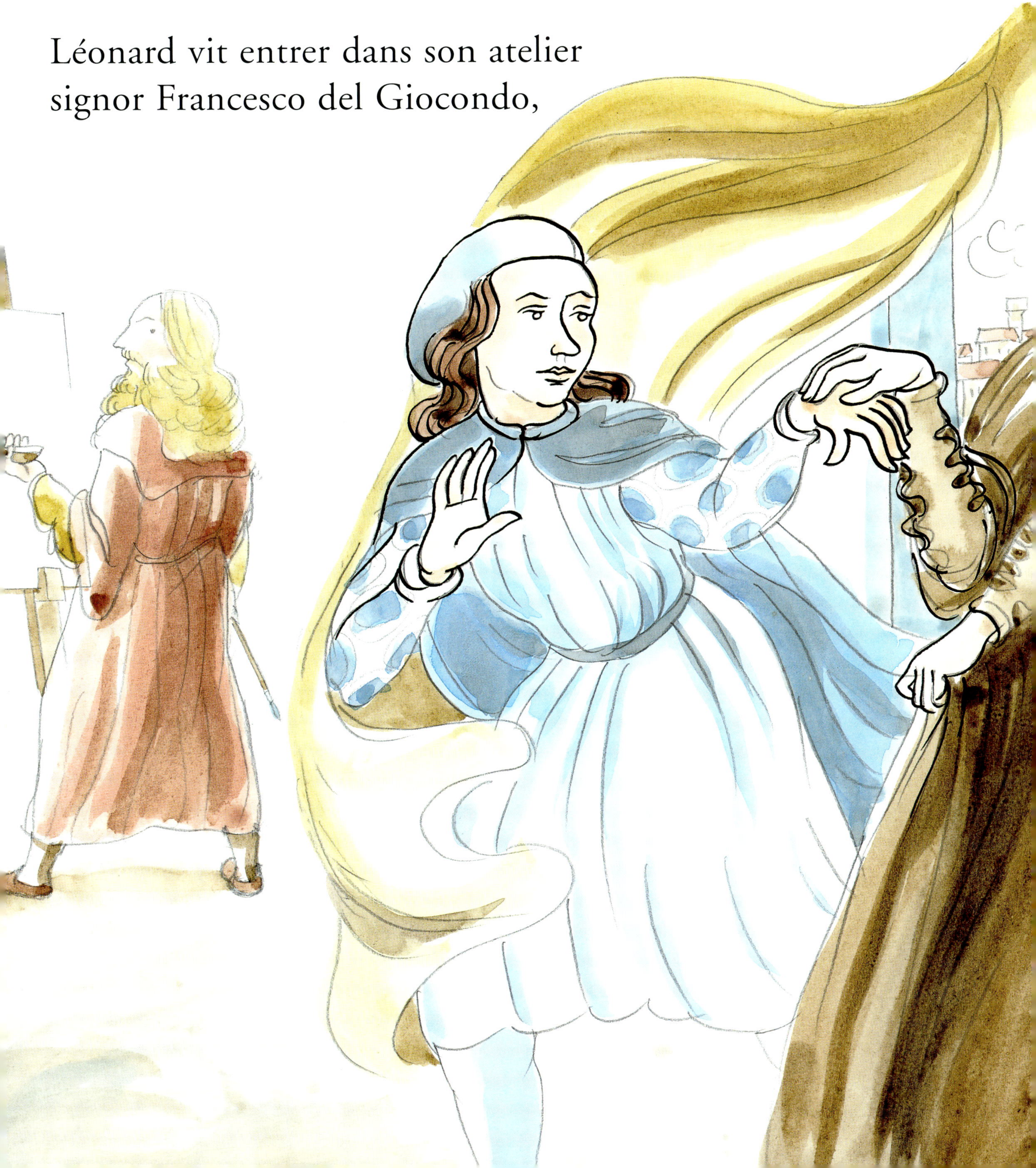

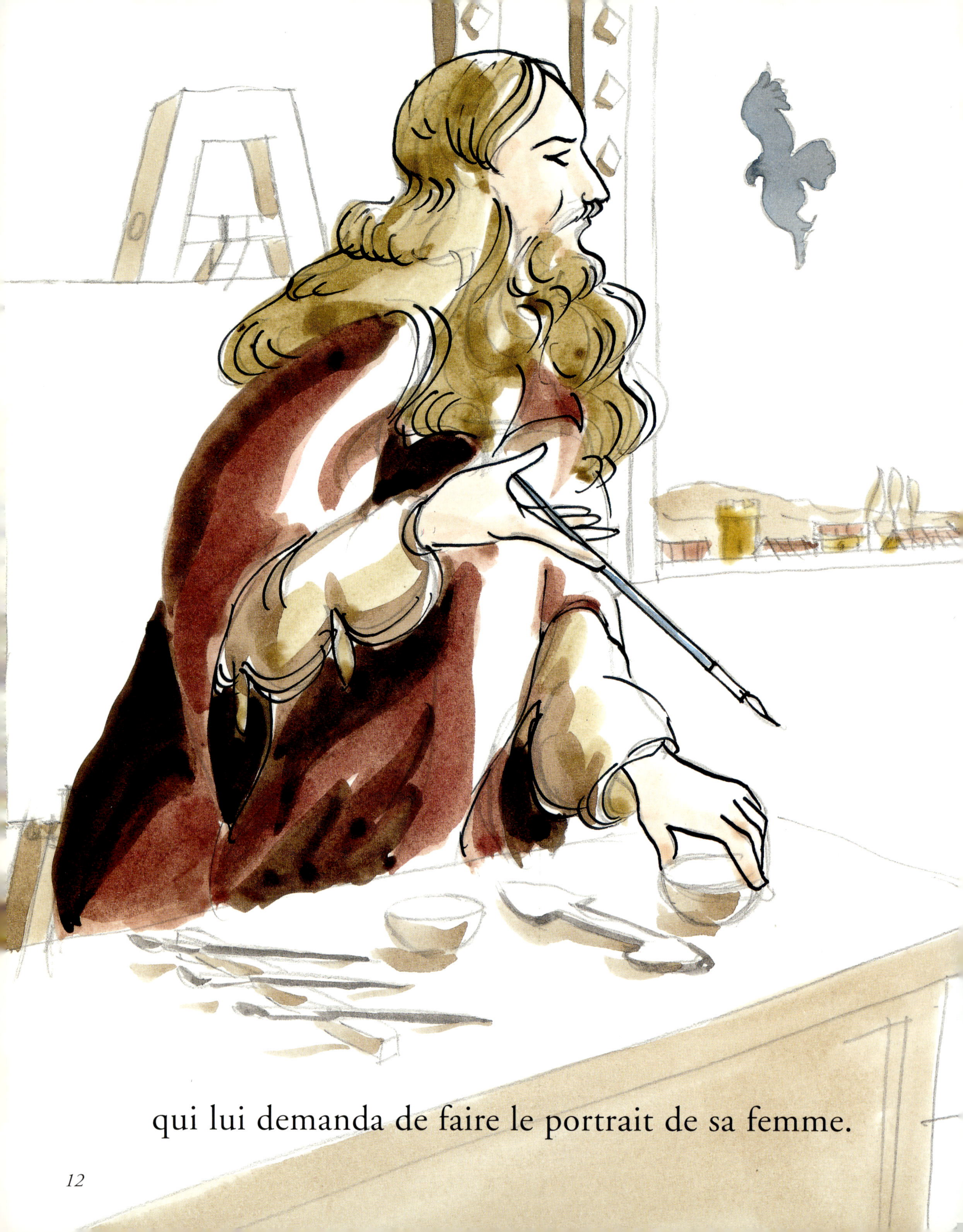

qui lui demanda de faire le portrait de sa femme.

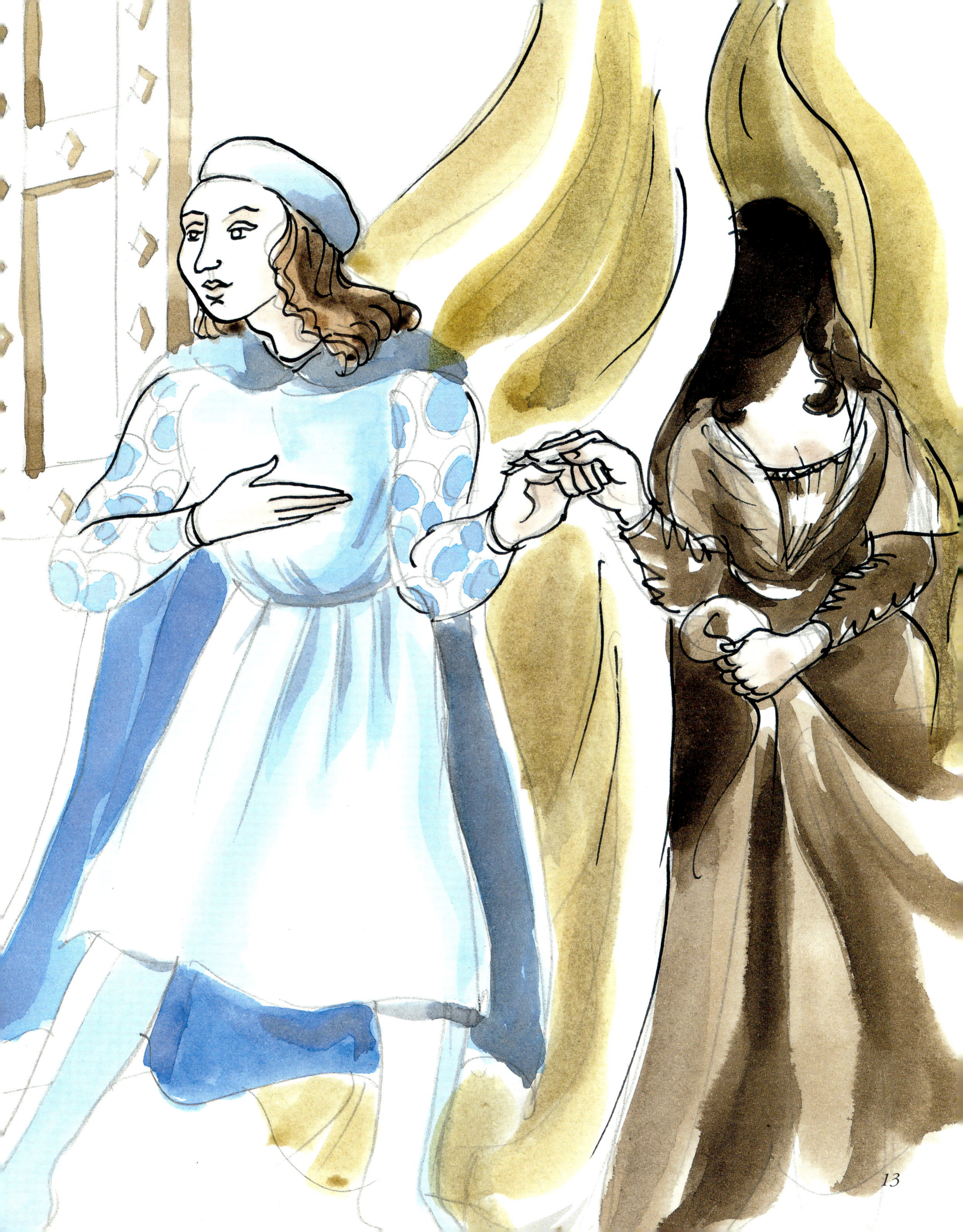

Mona Lisa était si belle

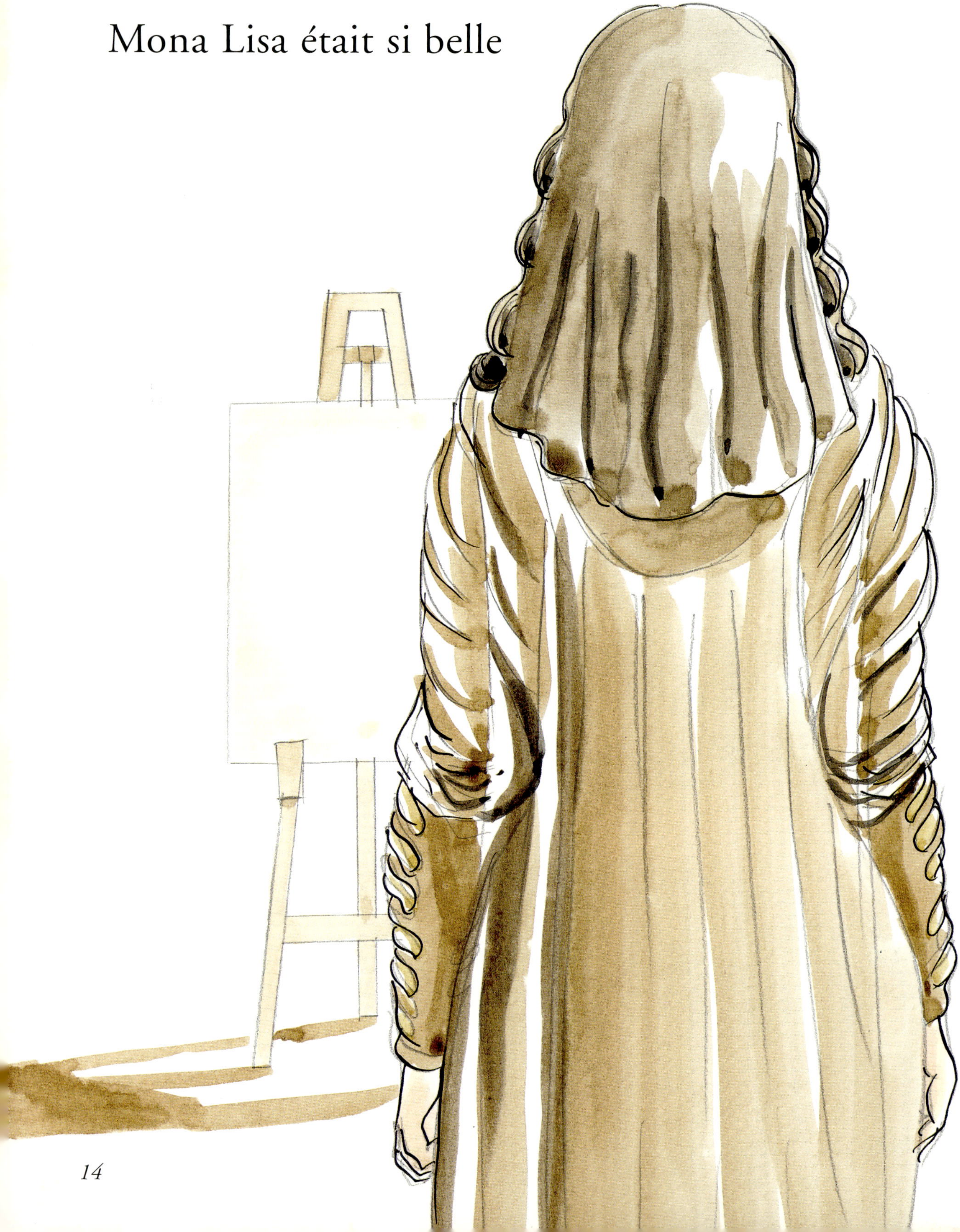

que Léonard crut voir
pour la première fois…

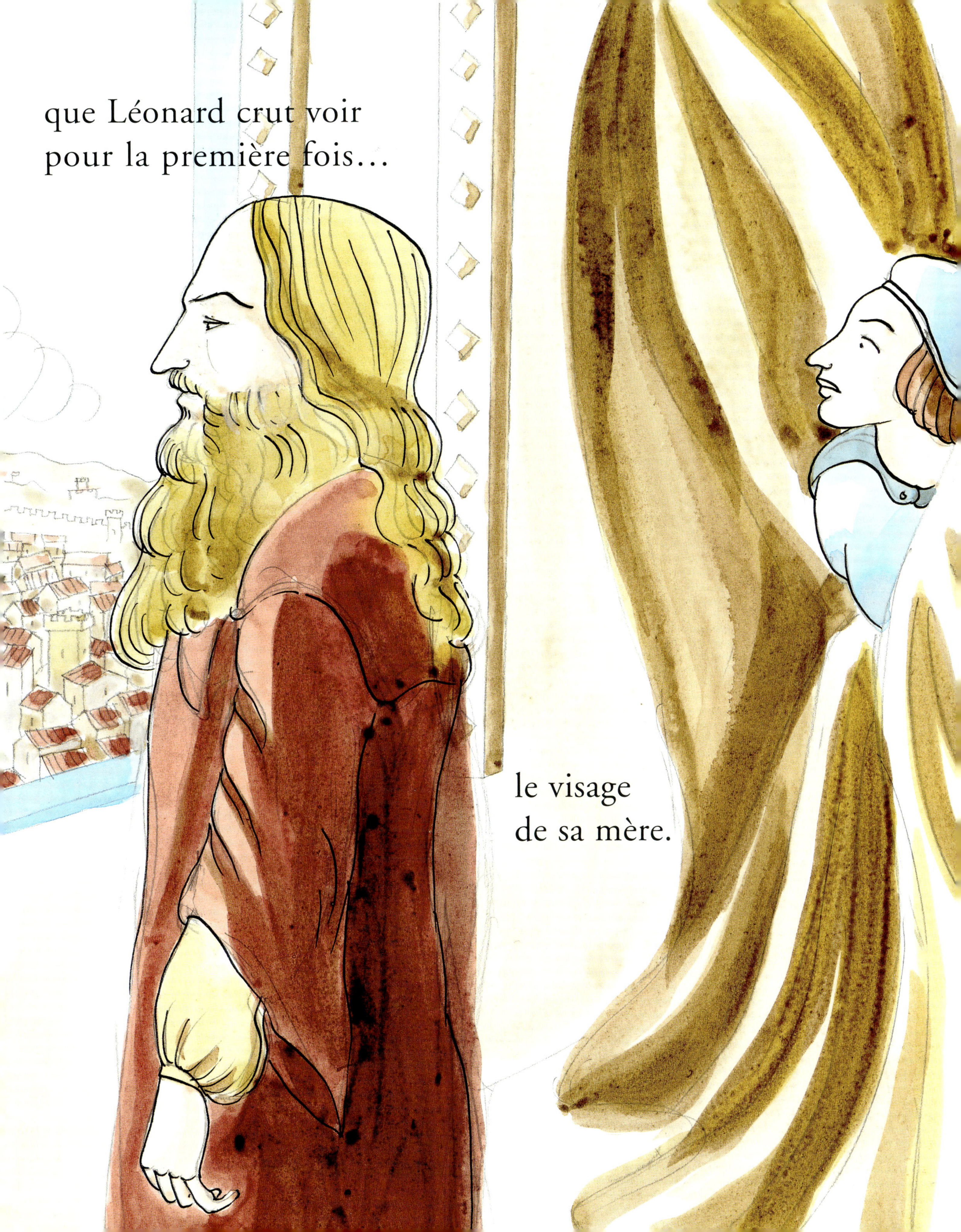

le visage
de sa mère.

Mais Mona Lisa ne savait pas sourire.

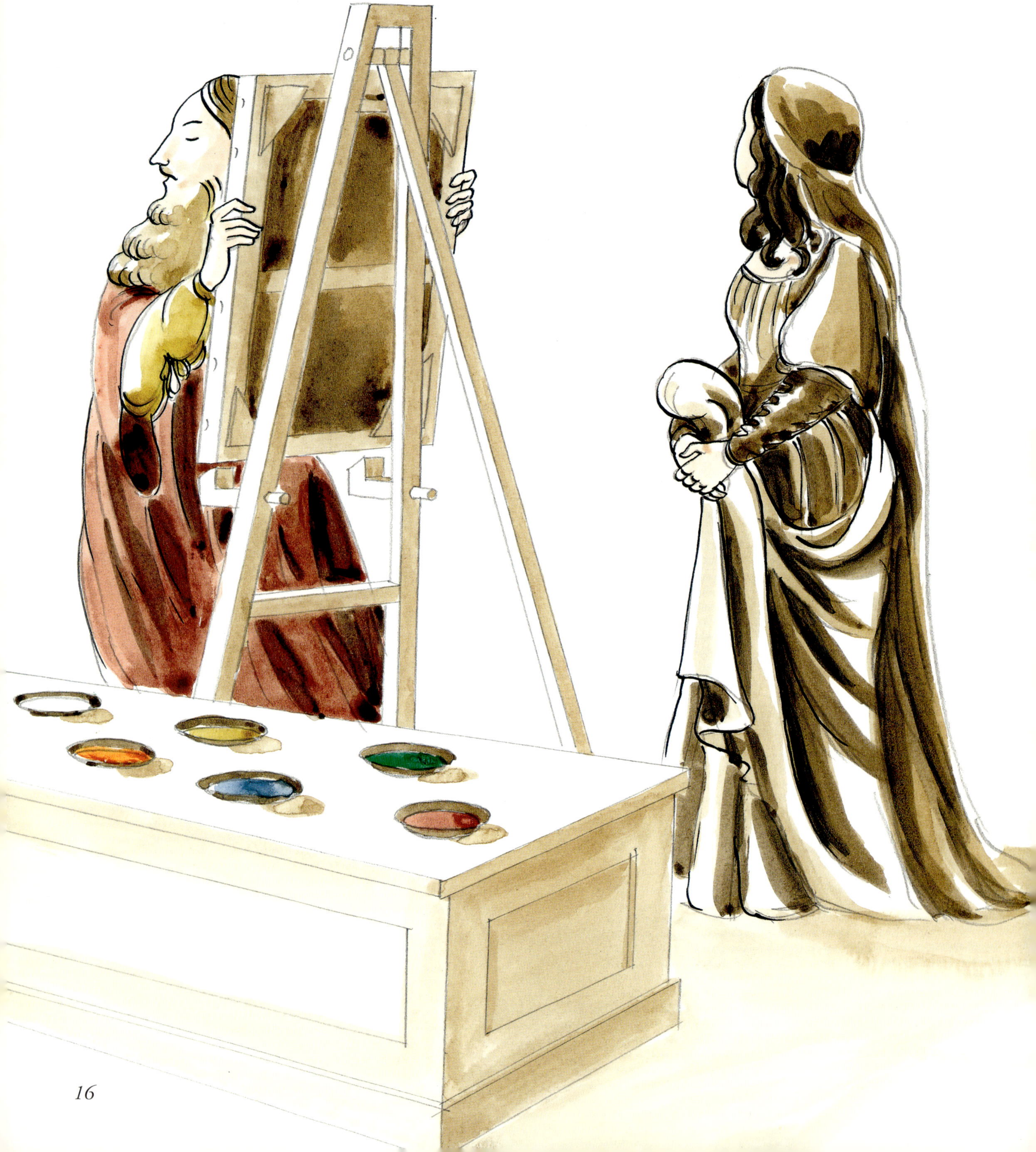

Léonard eut beau tout essayer.

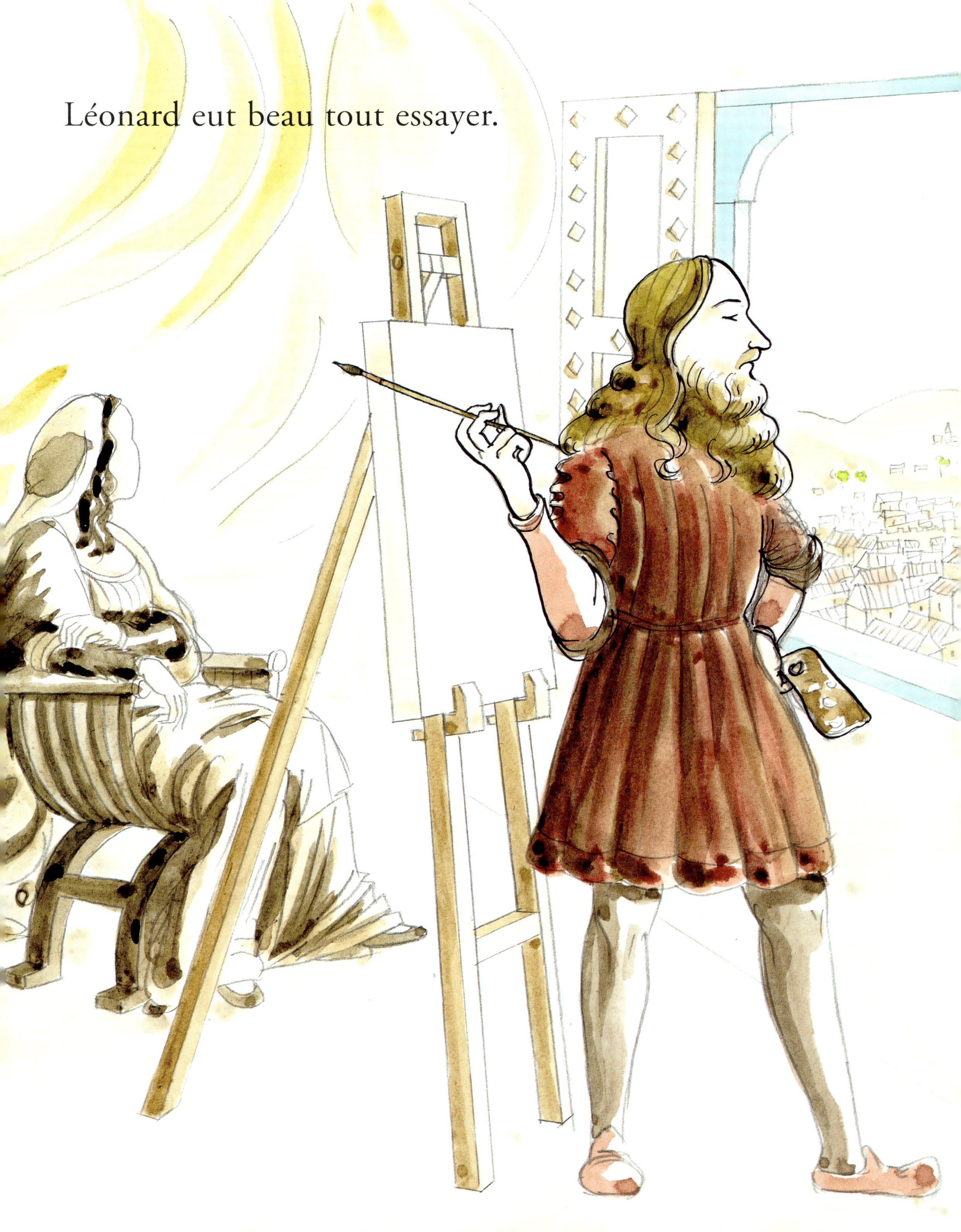

Il fit venir des acrobates, des jongleurs,

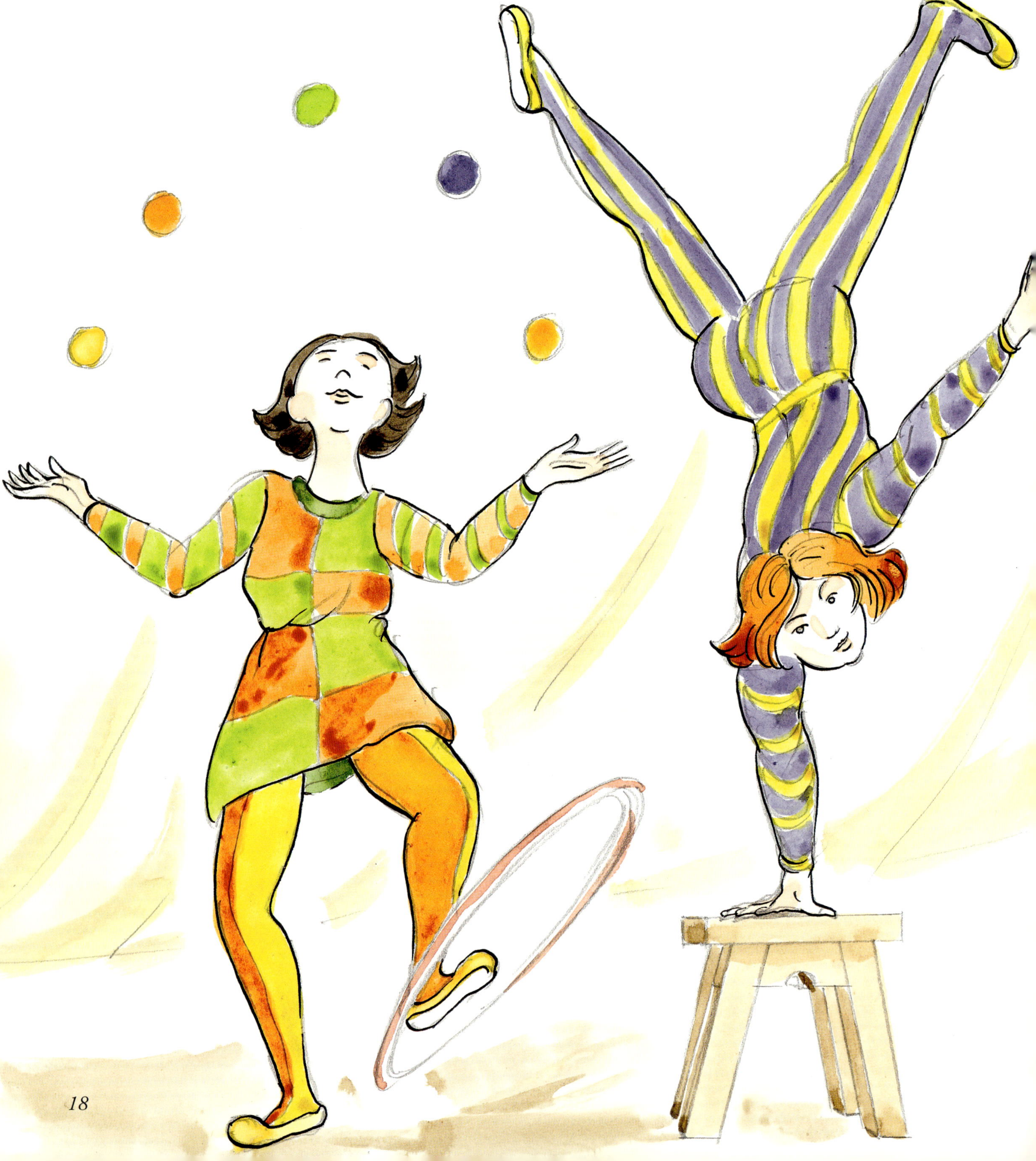

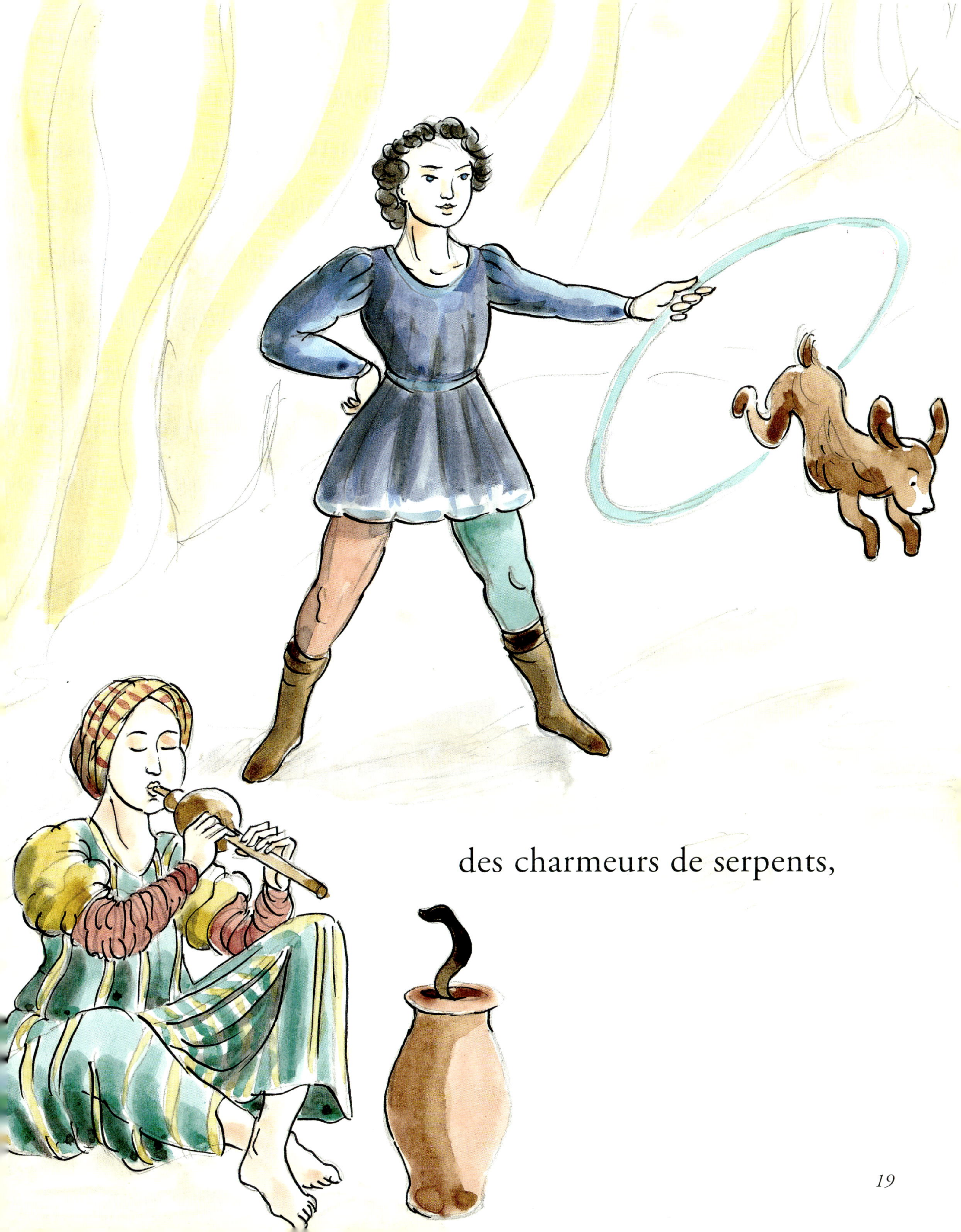

des charmeurs de serpents,

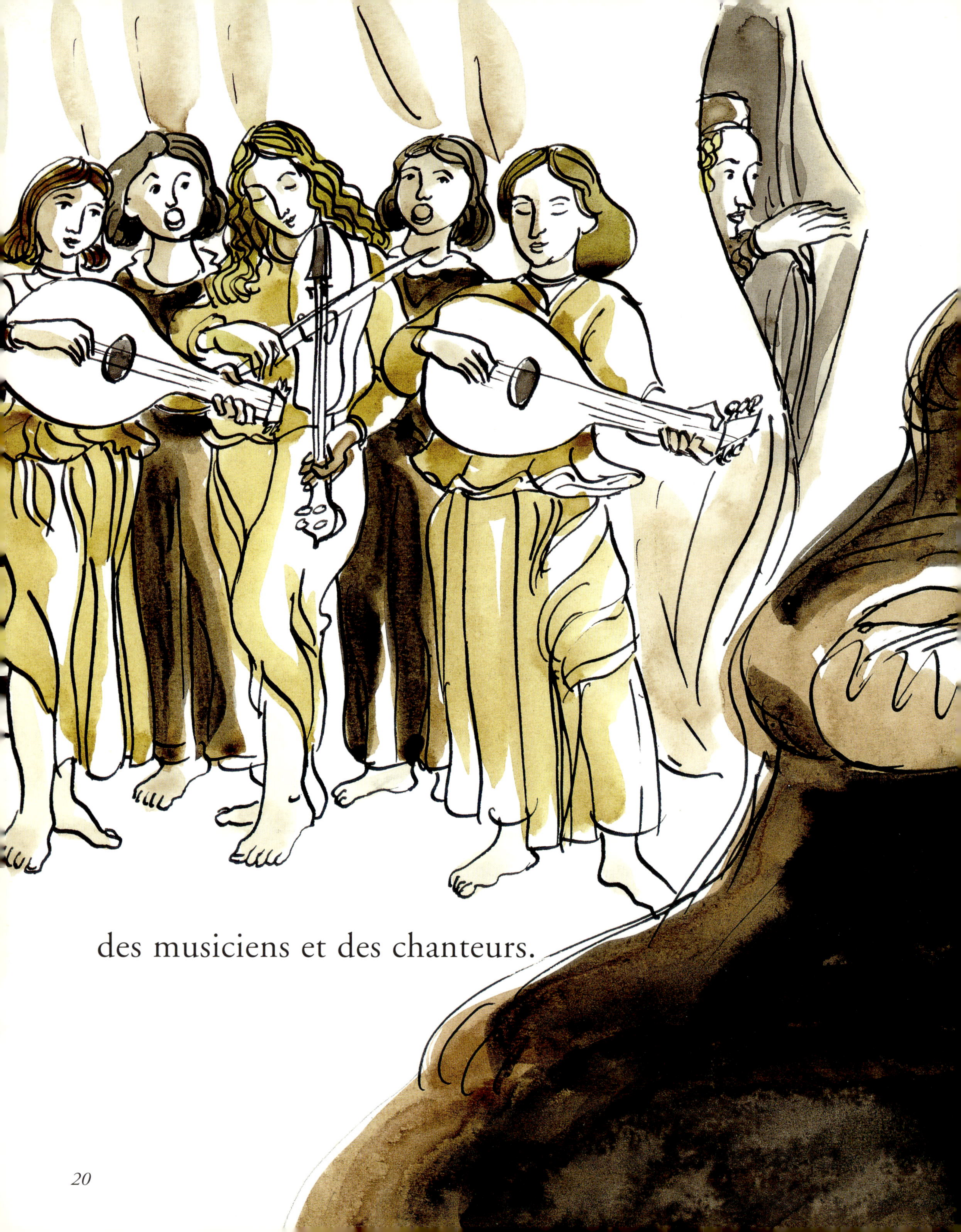

des musiciens et des chanteurs.

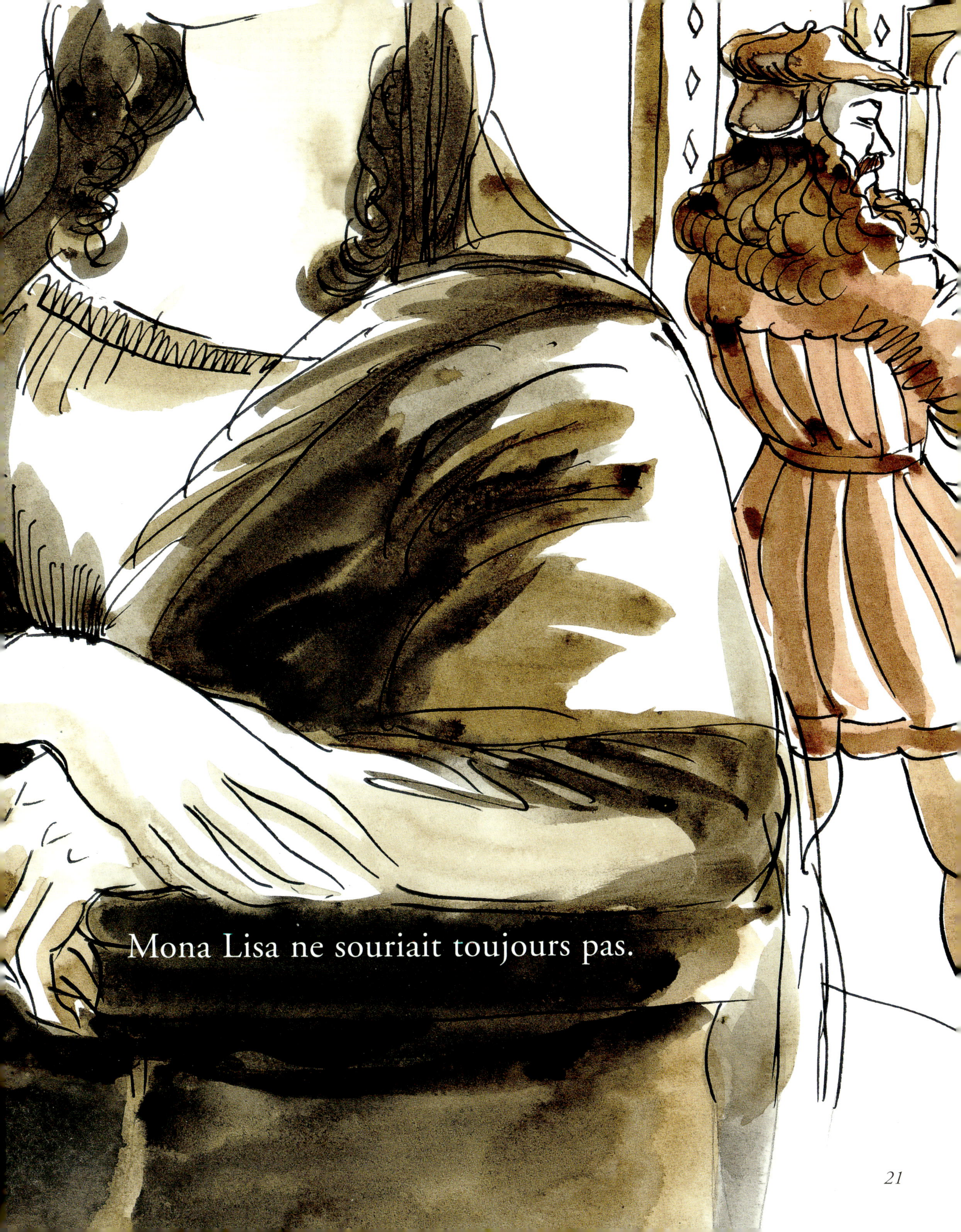

Mona Lisa ne souriait toujours pas.

Un jour,
Léonard dit
à la Joconde
que son tableau
était achevé.

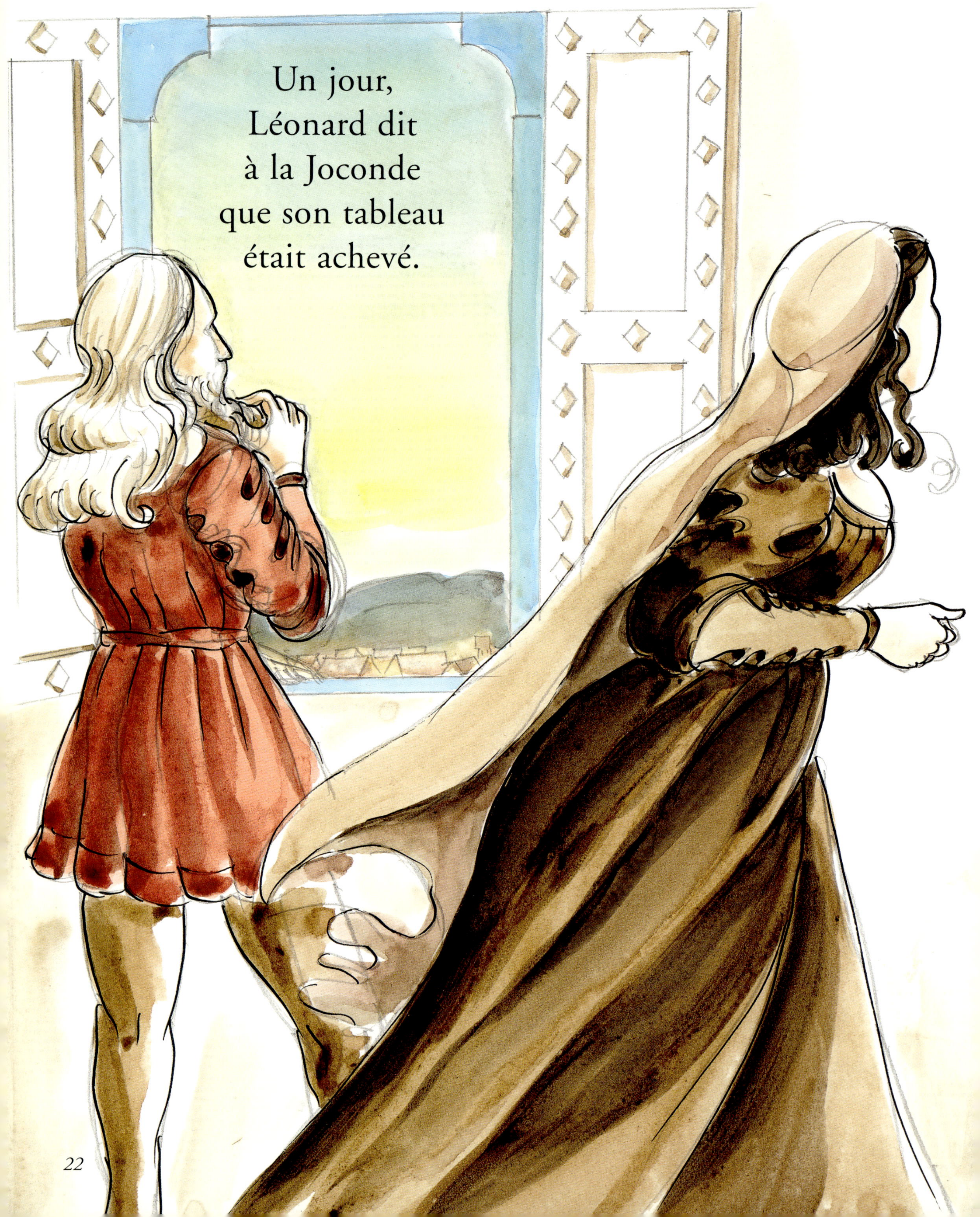

Quand elle fut partie, sans que personne ne le vît,
Léonard ajouta au visage
si beau de Mona Lisa,

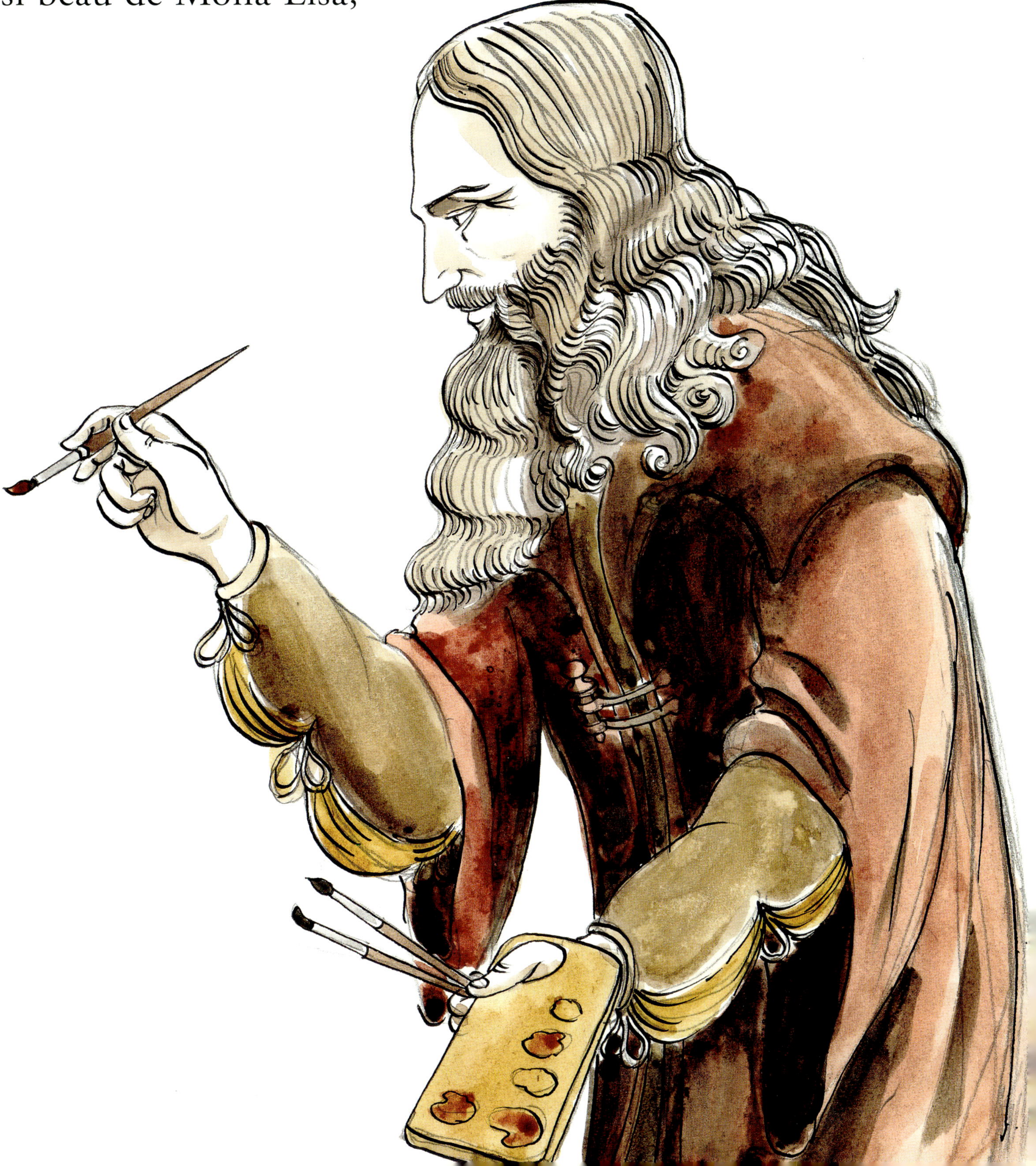

le sourire de sa mère

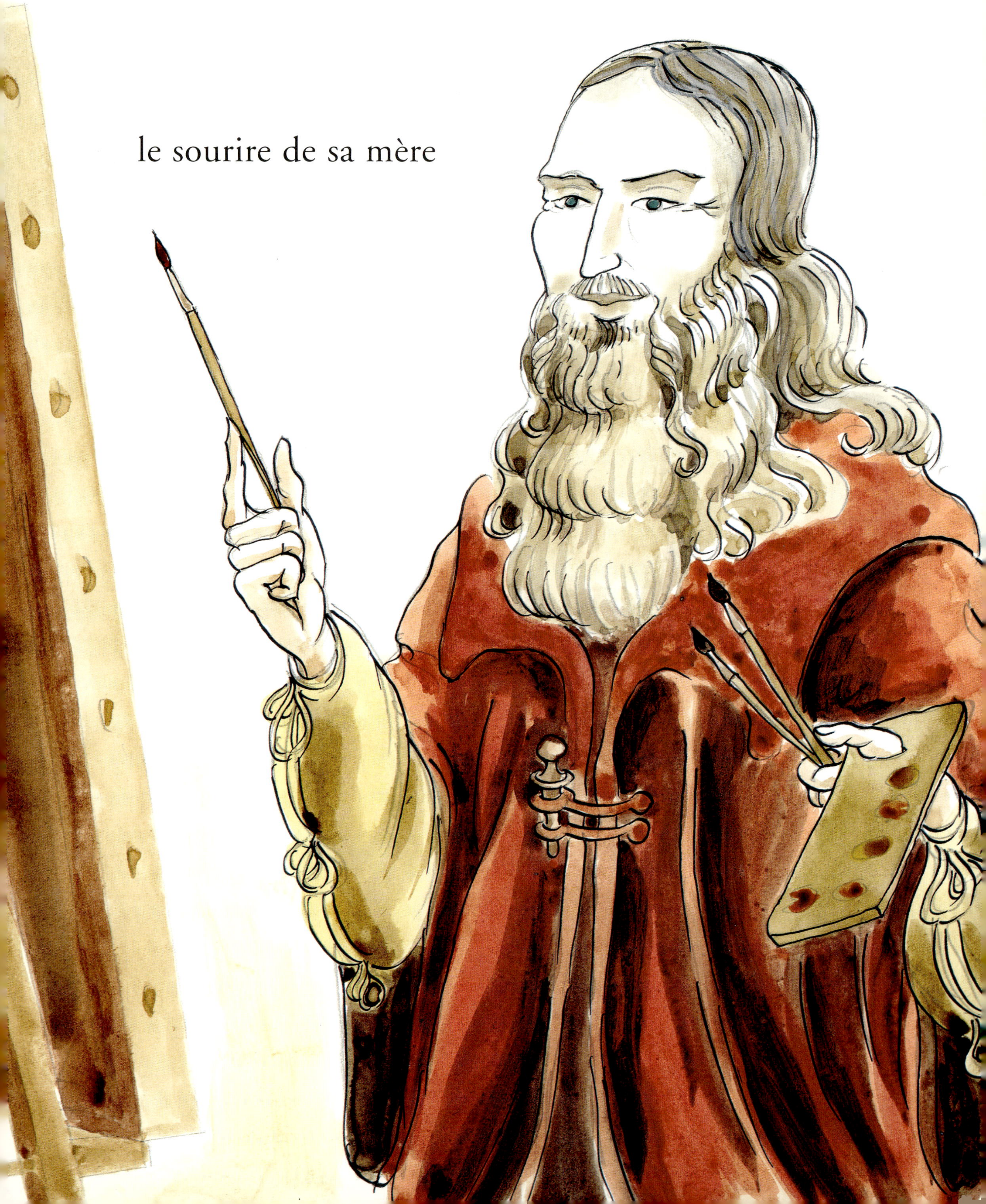

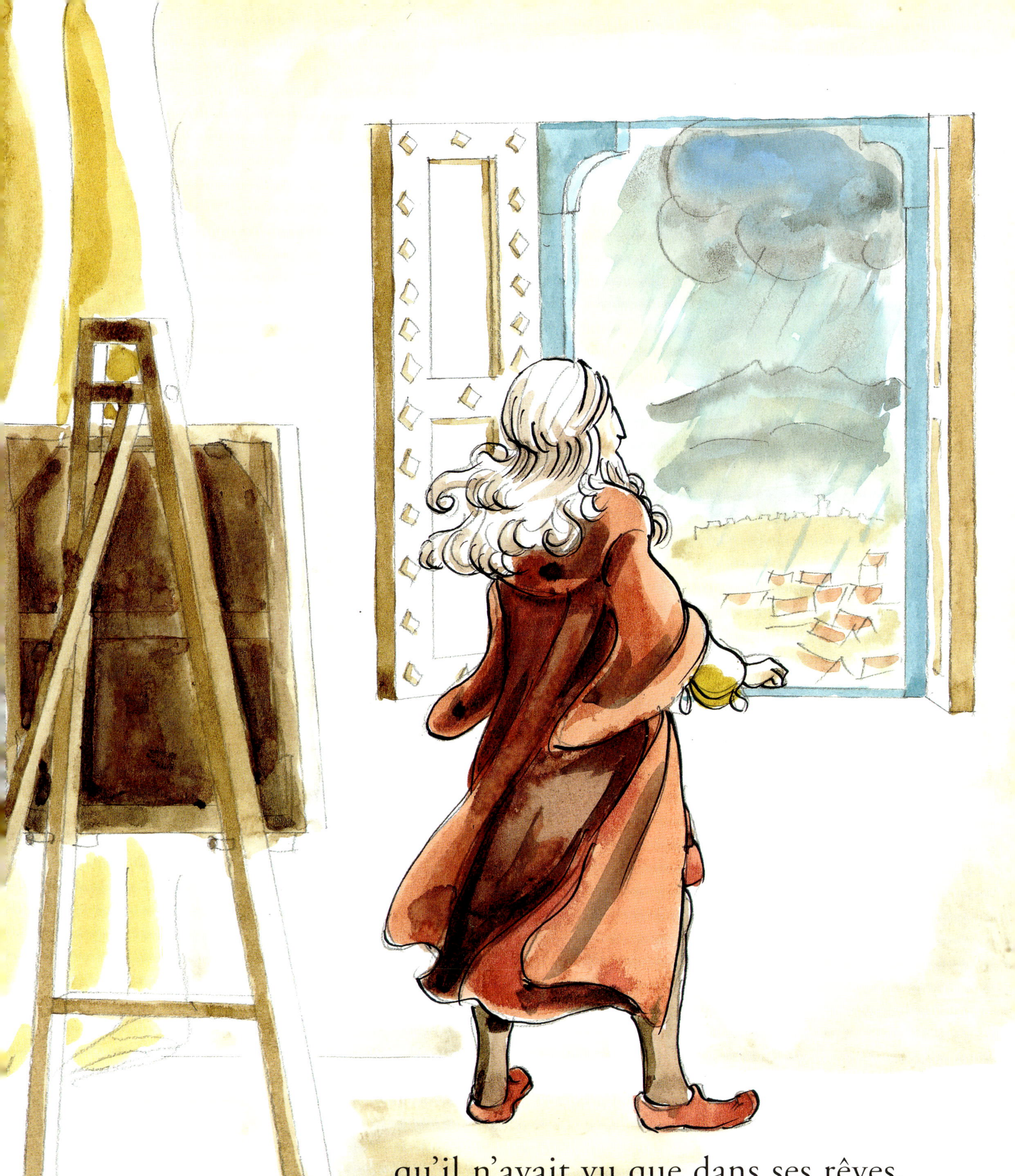

qu'il n'avait vu que dans ses rêves.

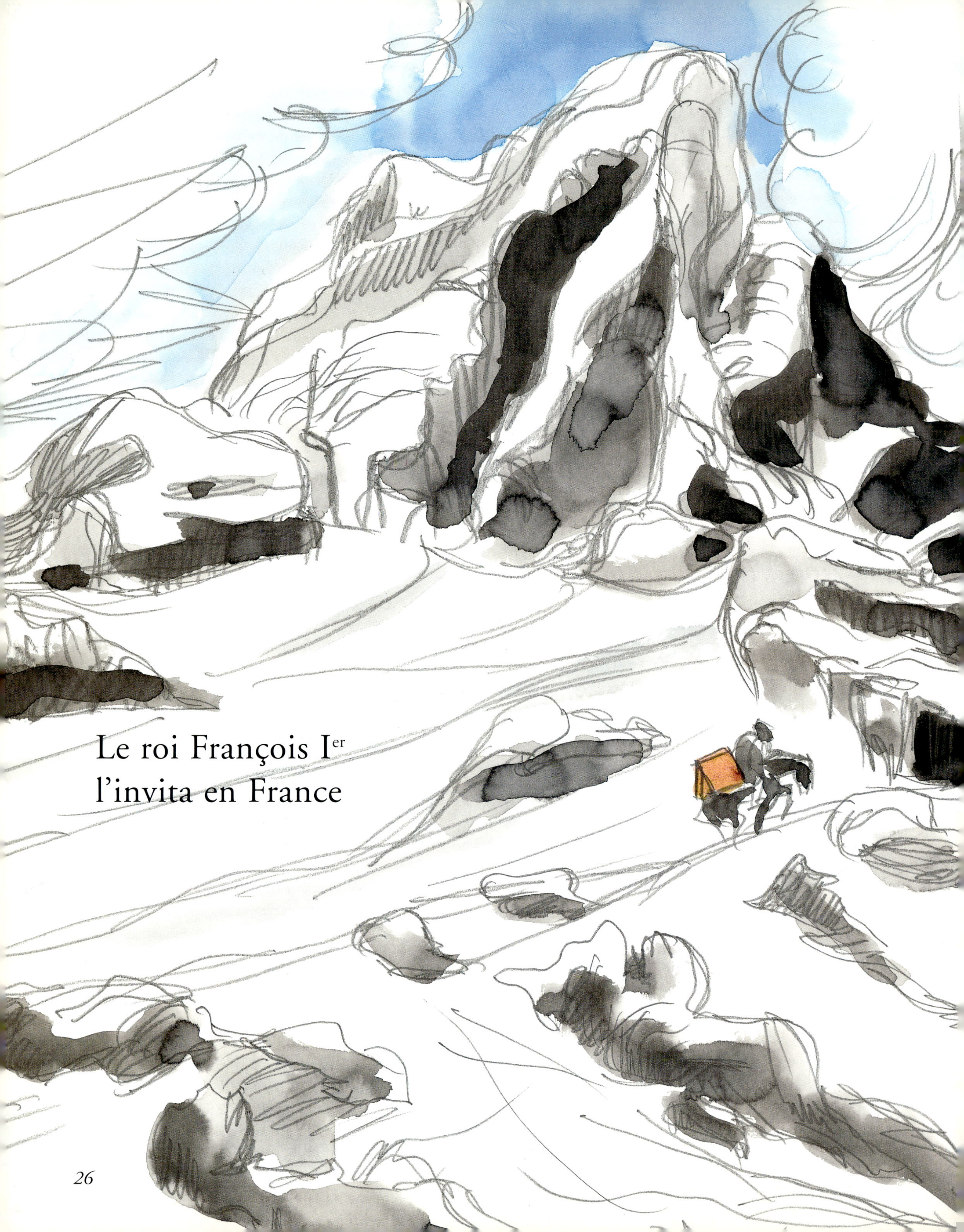

Le roi François Ier
l'invita en France

et Léonard quitta l'Italie

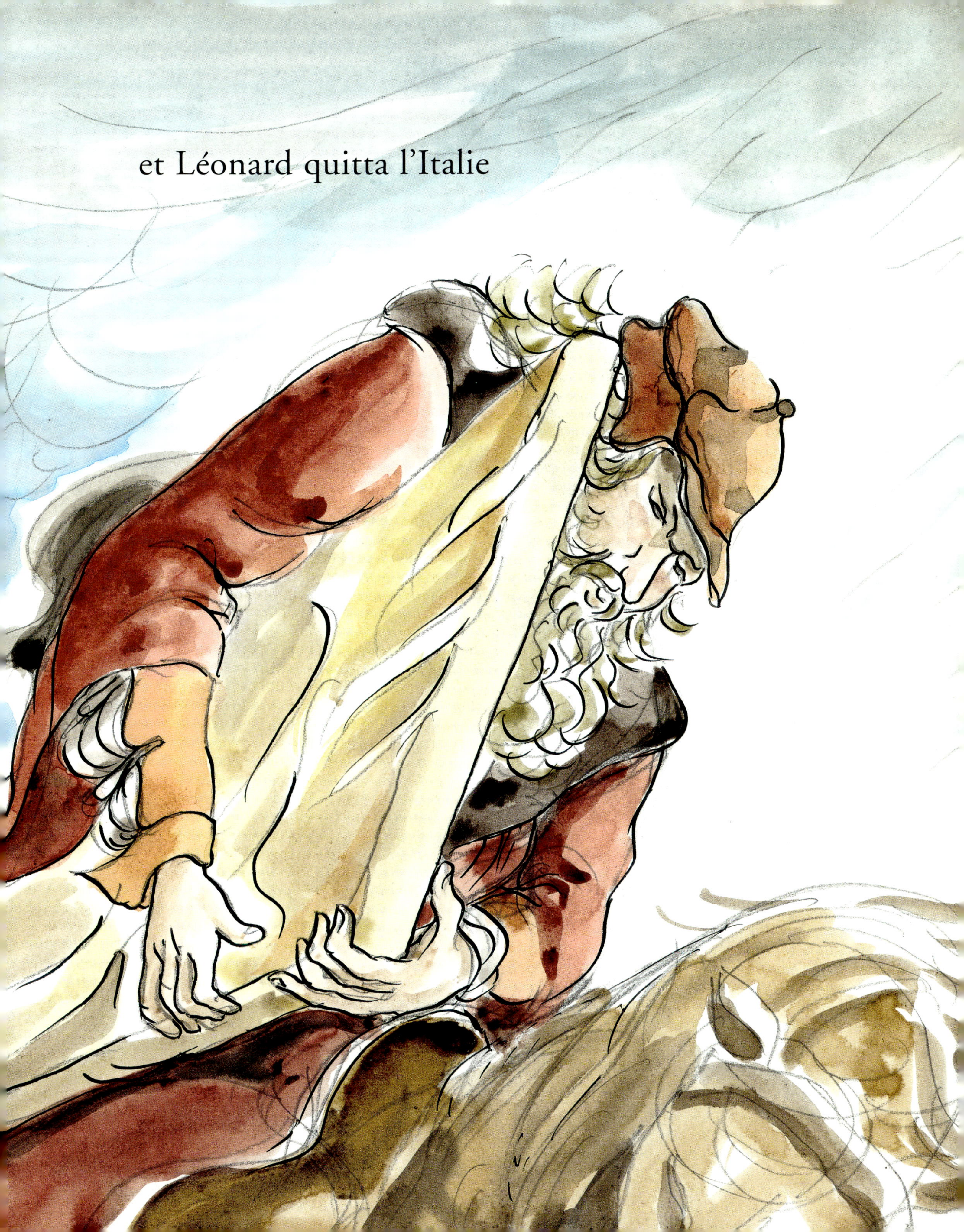

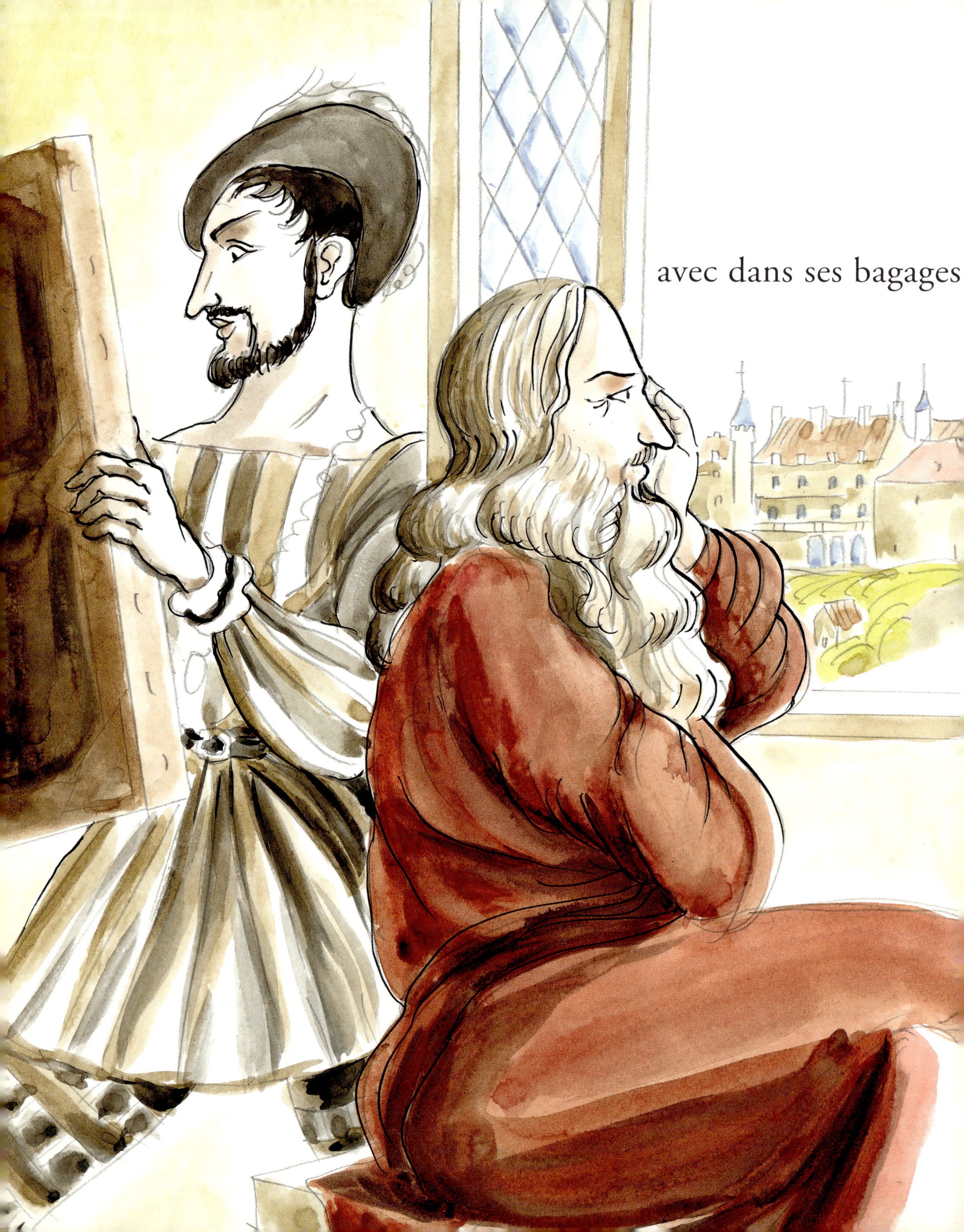

avec dans ses bagages

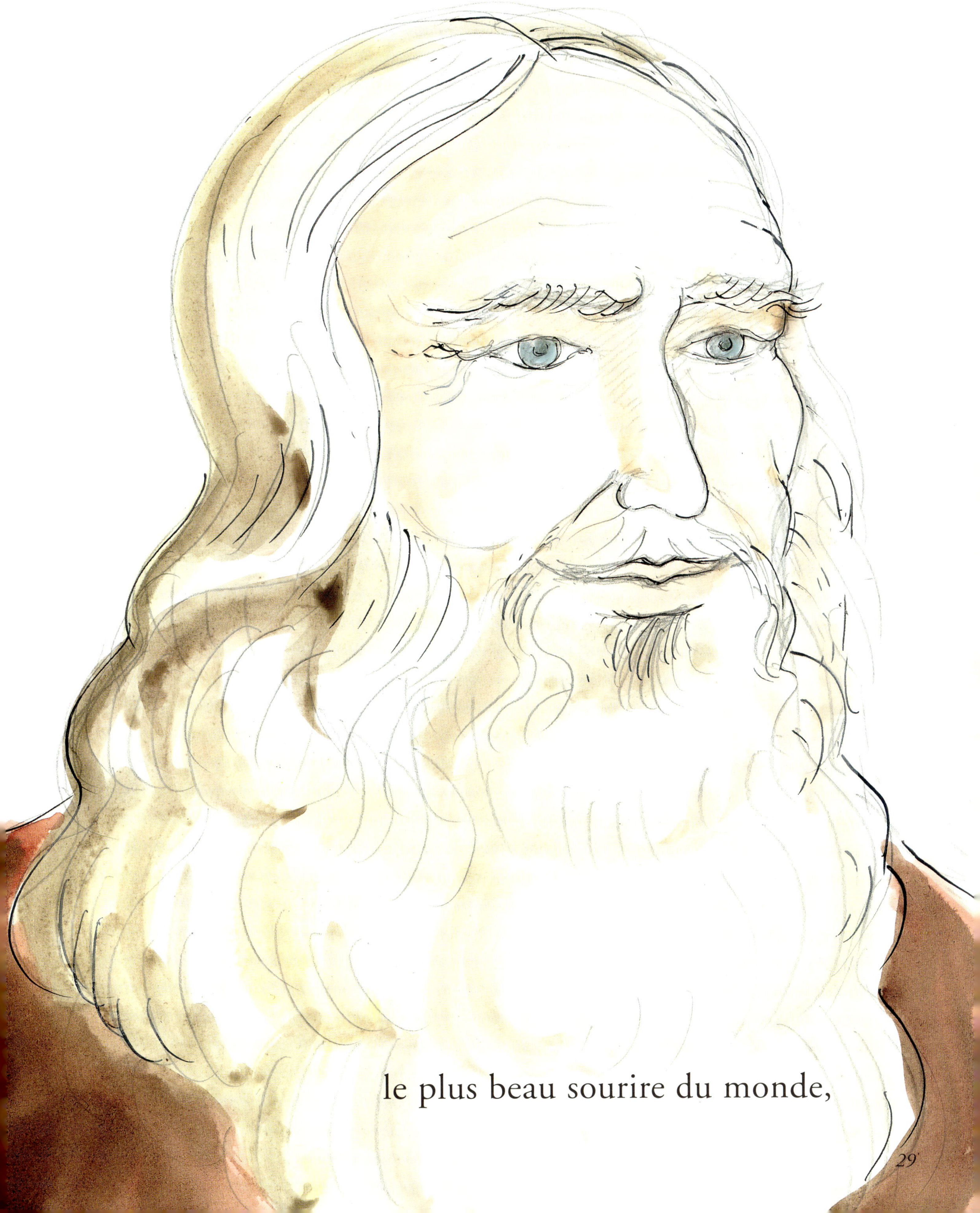

le plus beau sourire du monde,

celui de la Joconde.

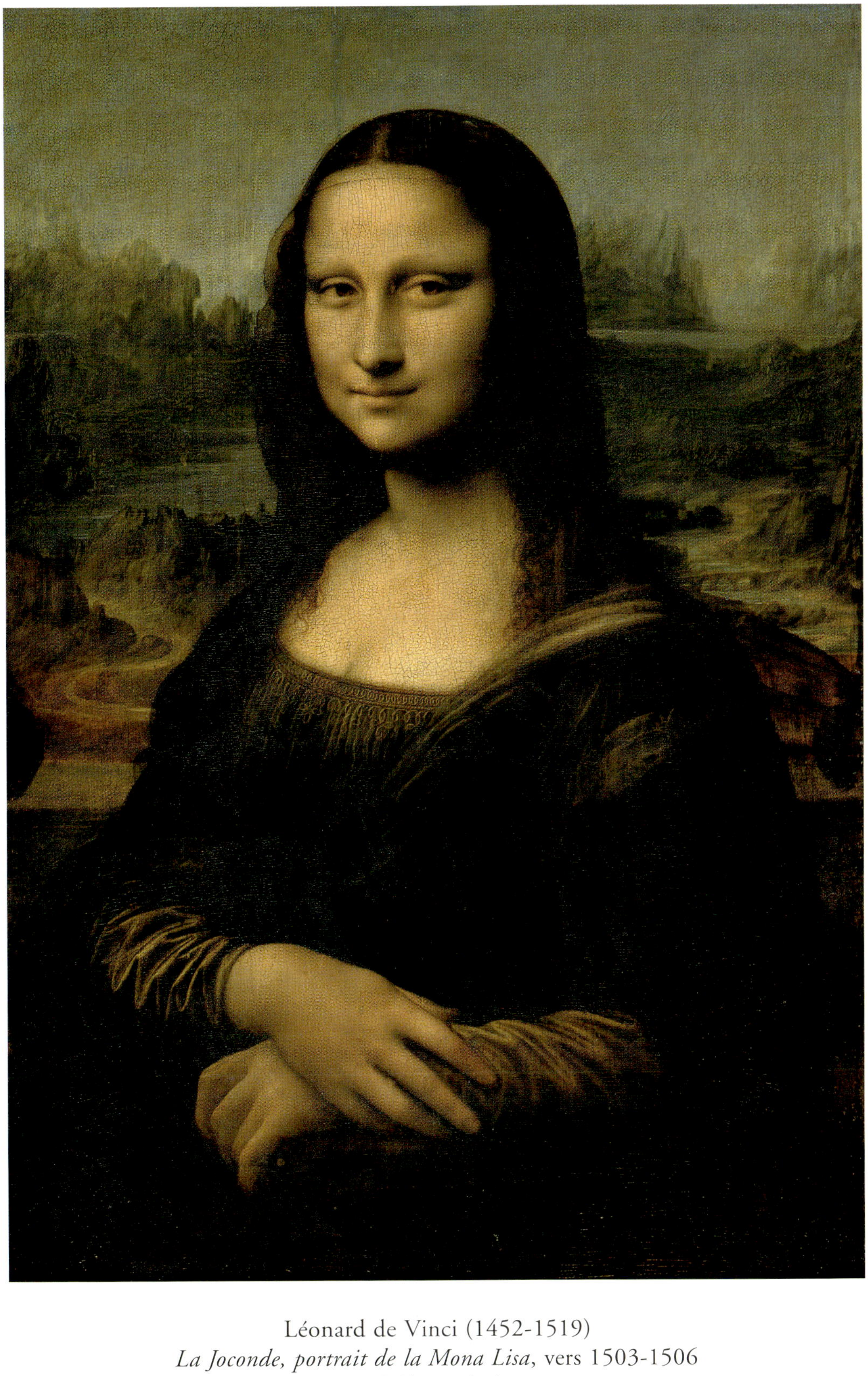

Léonard de Vinci (1452-1519)
La Joconde, portrait de la Mona Lisa, vers 1503-1506
Huile sur bois
77 cm x 53 cm
Paris, musée du Louvre

Crédit photographique
Paris, Réunion des musées nationaux,
photographe R.G. Ojéda, p. 31

Publication du département de l'édition dirigé par
Béatrice Foulon

Coordination éditoriale
Josette Grandazzi
assistée de Julie Lecomte

Fabrication
Jacques Venelli

Conception graphique et mise en pages
Delphine Delastre

Les textes ont été composés en Garamond
et les illustrations gravées par I. G. S., L'Isle d'Espagnac

Cet ouvrage a été achevé d'imprimer en septembre 2002
sur les presses de l'imprimerie Snoeck-Ducaju & Zoon, Gent.
Elle a réalisé également le façonnage.

Dépôt légal : septembre 2002
ISBN : 2-7118-4544-3
JA 10 4544